Símbolos Especiales:

Este libro está organizado para guiar a la persona a través del entrenamiento, además de las secciones de la Perspectiva del Facilitador y de Notas de la presentación, presentamos cierto número de símbolos que se usan para facilitar el taller. Para su comodidad estos símbolos se repiten en la introducción de cada una de las secciones de este libro.

Sugerencia:

Este símbolo representa una sugerencia y es un enunciado general que se refiere a la facilitación del taller

Pista:

Este símbolo representa la idea de dar una pista al facilitador y es específico para la solución de la que el facilitador está hablando o impartiendo.

Pregunta:

Este símbolo representa una pregunta que puede ser hecha al facilitador o bien a los participantes en el taller.

Indice

Sección 1

Sección 2

Sección 3

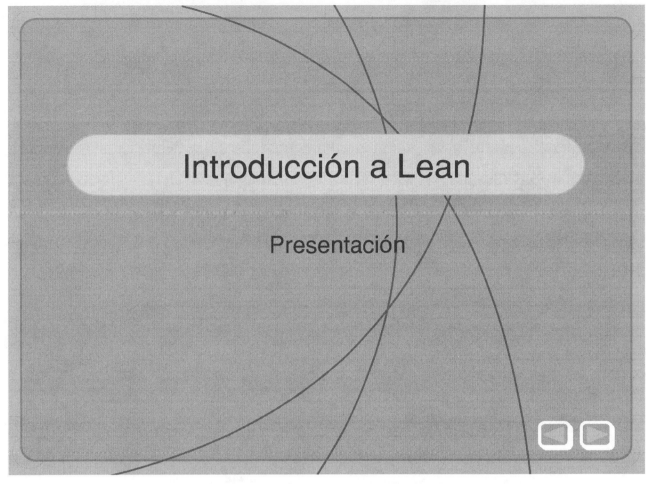

Introducción a Lean

Presentación

Guía del Participante

En esta Sección

- Aprende sobre la historia de Lean
- Metodología de Lean
- Entiende los componentes de Lean
- Contenido de este Taller

Este Cuaderno de Ejercicios para el Participante pertenece a:

_____

 **Sugerencia**    **Pista**    **Pregunta**

Introducción

- Metas Personales
- Agenda del Taller
- Objetivos de la Capacitación

Notas, Transparencia 2:

_____

_____

_____

_____

_____

Pista:

A medida que avances en esta presentación recuerda concentrarte en los conceptos generales y como se relacionan con tus experiencias personales.

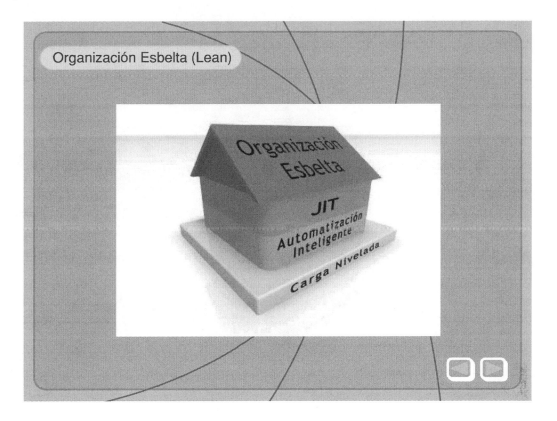

Organización Esbelta (Lean)

Notas, Transparencia 3:

_____

_____

_____

_____

_____

_____

Pista:

Para entender
como Lean encaja
en tu organización,
pregúntale al facilitador
sobre situaciones espe-
cíficas con respecto a la
historia de Lean.

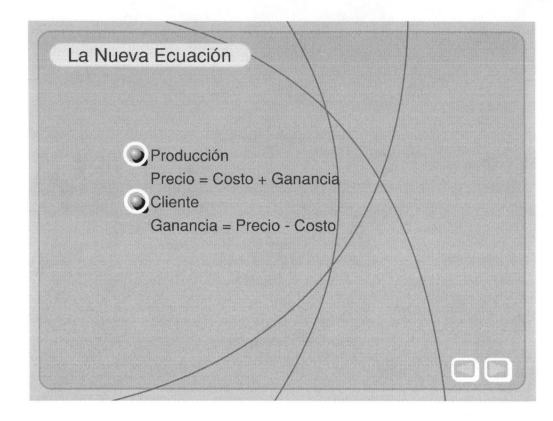

Notas, Transparencia 4:

_____

_____

_____

_____

_____

_____

Notas, Transparencia 5:

_____

_____

_____

_____

_____

_____

Sugerencia:

Debes estar preparado
y organizado. Llega
temprano y listo para
adentrarte en los
conceptos.

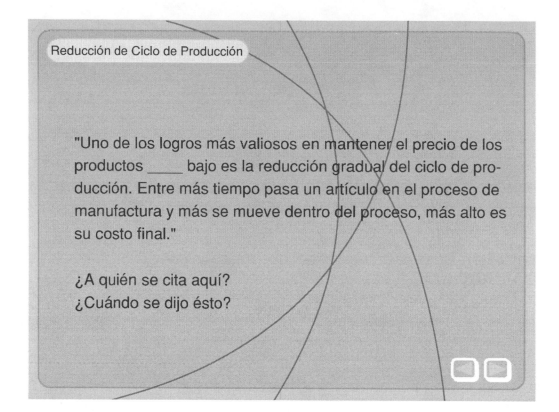

"Uno de los logros más valiosos en mantener el precio de los productos _____ bajo es la reducción gradual del ciclo de producción. Entre más tiempo pasa un artículo en el proceso de manufactura y más se mueve dentro del proceso, más alto es su costo final."

¿A quién se cita aquí?
¿Cuándo se dijo ésto?

Notas, Transparencia 6:

_____

_____

_____

_____

_____

_____

Pregunta:

¿A quién se citó aquí? ¿Cuándo se dijo esto?

_____

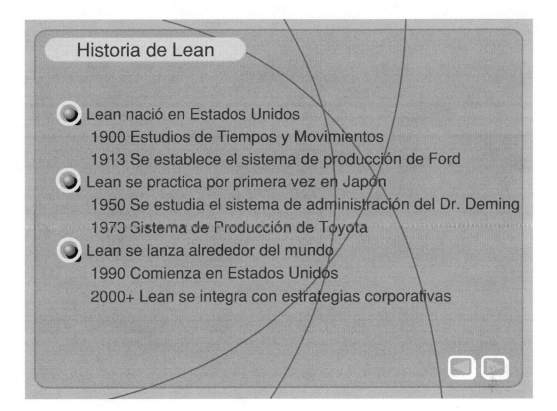

Historia de Lean

- **Lean nació en Estados Unidos**
  - 1900 Estudios de Tiempos y Movimientos
  - 1913 Se establece el sistema de producción de Ford
- **Lean se practica por primera vez en Japón**
  - 1950 Se estudia el sistema de administración del Dr. Deming
  - 1970 Sistema de Producción de Toyota
- **Lean se lanza alrededor del mundo**
  - 1990 Comienza en Estados Unidos
  - 2000+ Lean se integra con estrategias corporativas

Notas, Transparencia 7:

_____

_____

_____

_____

_____

_____

_____

Pista:

Manufactura Esbelta es un término que nació gracias a un hombre llamado James P. Womack. El estudió el Sistema de Producción de Toyota y escribió un libro titulado "The Machine that Changed the World" (La Máquina que Cambió al Mundo).

Reducción de Tiempo de Espera

- Calidad y Tiempo
- Costo y Tiempo
- Entrega y Tiempo
- Seguridad y Tiempo
- Ambiente y Tiempo

Notas, Transparencia 8:

_____

_____

_____

_____

_____

Pista:

Para que una operación tenga éxito se necesita enfocar en el uso del tiempo en todos los aspectos. Es el único recurso del que no podemos obtener más y por esta razón constituye un fuerte motivador para todos los otros factores que son importantes en un negocio.

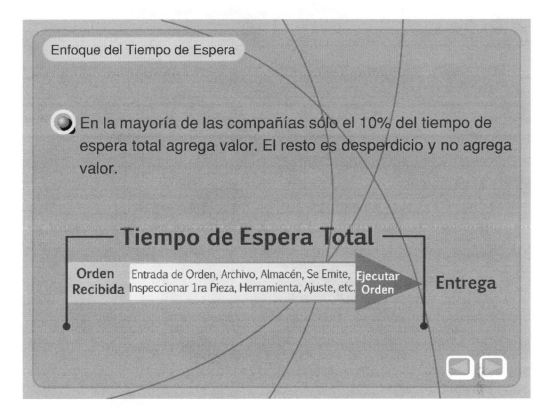

Notas, Transparencia 9:

_____

_____

_____

_____

_____

_____

Sugerencia:

Haz preguntas cuando sientas que se necesita clarificación.

Notas, Transparencia 10:

_____

_____

_____

_____

_____

_____

Justo a Tiempo

Produciendo lo que el cliente necesita y cuando lo necesita en la cantidad que se necesita

● Usa el menor esfuerzo, materiales, equipo, maquinaria y espacio para realizar el trabajo

Expon problemas ocultos a los 7 Desperdicios de Operaciones

Justo a Tiempo consta de tres principios:

● Takt Time
● Flujo de Producción
● Sistema de Jalar

Notas, Transparencia 11:

_____

_____

_____

_____

_____

_____

_____

Pista:

JIT (Justo a Tiempo) se concentra en lo que el cliente necesita en el proceso de manufactura o en el proceso de información. Si tu estás satisfaciendo al siguiente cliente en la línea en tu compañía, entonces estás haciendo lo adecuado.

Pregunta:

¿Justo a Tiempo es el resultado de qué factores?

_____

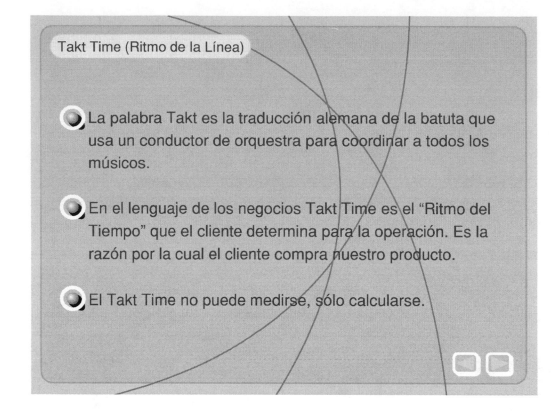

Takt Time (Ritmo de la Línea)

- La palabra Takt es la traducción alemana de la batuta que usa un conductor de orquestra para coordinar a todos los músicos.

- En el lenguaje de los negocios Takt Time es el "Ritmo del Tiempo" que el cliente determina para la operación. Es la razón por la cual el cliente compra nuestro producto.

- El Takt Time no puede medirse, sólo calcularse.

Notas, Transparencia 12:

_____

_____

_____

_____

_____

Pregunta:

¿Qué significa el Takt Time en la operación?

_____

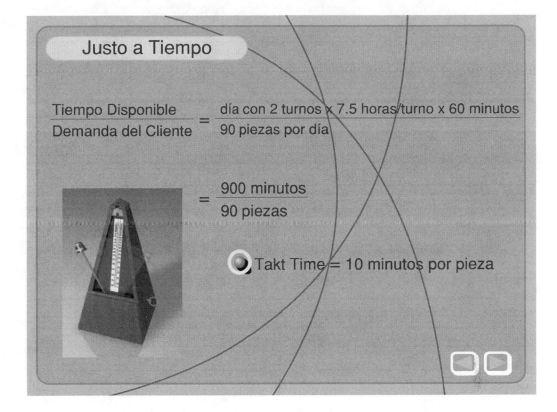

Justo a Tiempo

$$\frac{\text{Tiempo Disponible}}{\text{Demanda del Cliente}} = \frac{\text{día con 2 turnos x 7.5 horas/turno x 60 minutos}}{\text{90 piezas por día}}$$

$$= \frac{900 \text{ minutos}}{90 \text{ piezas}}$$

Takt Time = 10 minutos por pieza

Notas, Transparencia 13:

_____

_____

_____

_____

_____

_____

Pista:

Un concepto clave en Lean o JIT es el resultado final de la ecuación de Takt Time. Son minutos por pieza y no piezas por minuto. Esta es la diferencia fundamental para calcular la operación.

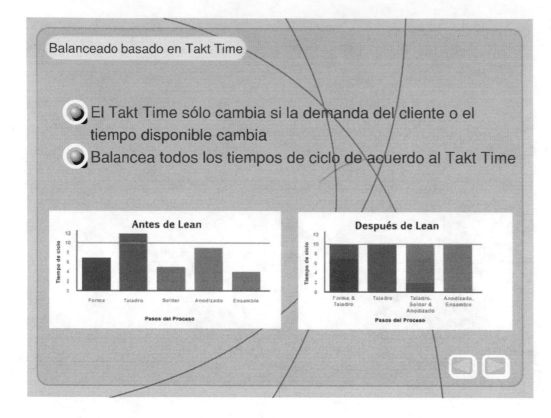

Notas, Transparencia 14:

_____

_____

_____

_____

_____

_____

Pregunta:

¿Cuáles son algunos de los beneficios de balancear de acuerdo al Takt Time?

_____

_____

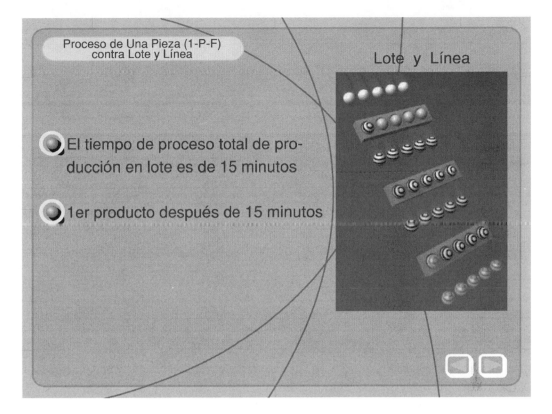

Proceso de Una Pieza (1-P-F)
contra Lote y Línea

Lote y Línea

El tiempo de proceso total de producción en lote es de 15 minutos

1er producto después de 15 minutos

Notas, Transparencia 15:

_____

_____

_____

_____

_____

_____

Sugerencia:

Pide al facilitador que explique este concepto ya que es clave para entender el impacto que tiene la producción en lote en el costo de las operaciones.

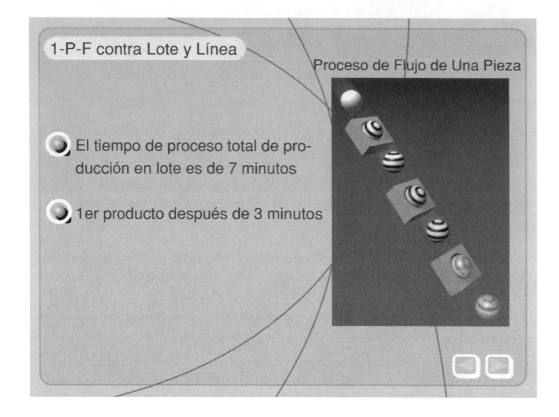

1-P-F contra Lote y Línea

Proceso de Flujo de Una Pieza

- El tiempo de proceso total de producción en lote es de 7 minutos

- 1er producto después de 3 minutos

Notas, Transparencia 16:

_____

_____

_____

_____

_____

Pista:

Nota que los cambio en estos procesos son: la cantidad de inventario en el proceso, el espacio de las áreas y la transportación entre cada etapa. Al cambiar a una operación Lean puedes minimizar todos estos costos.

Definición de 1-P-F

- Es el mover el producto de un proceso al siguiente eliminando la espera

  - Calidad: Las partes malas son evidentes de inmediato
  - Costo: Menos trabajo en proceso y espacio
  - Entrega: Lead Time (tiempo de espera) más corto
  - Seguridad: Menos movimiento
  - Ambiente: Los problemas se detectan más rápido

Notas, Transparencia 17:

_____

_____

_____

_____

_____

Pregunta:

¿Cuáles son otros beneficios del Flujo de Una Pieza?

_____

_____

_____

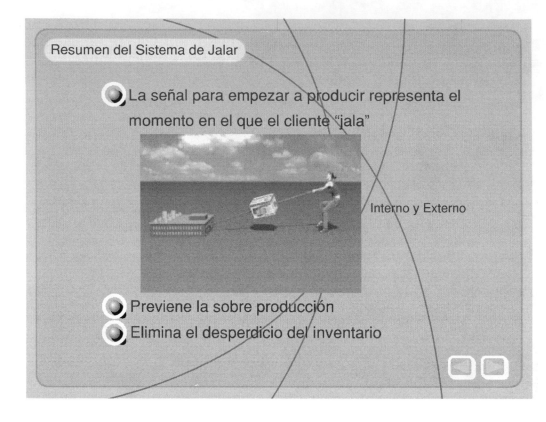

Notas, Transparencia 18:

_____

_____

_____

_____

_____

Pregunta:

¿Cuáles son los dos tipos de clientes para una compañía?

_____

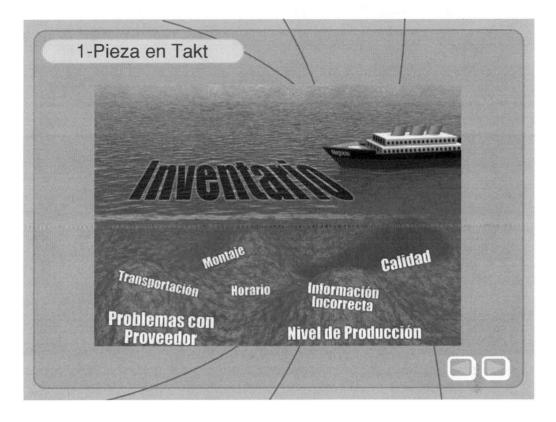

Notas, Transparencia 19:

_____

_____

_____

_____

_____

_____

Sugerencia:

Involucra al entrenador preguntándole sobre escenarios no intuitivos que pudieran darse.

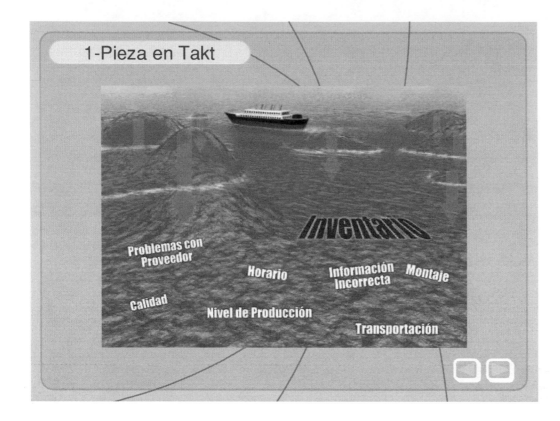

Notas, Transparencia 20:

_____

_____

_____

_____

_____

Pregunta:

¿Cuál "piedra" en tu departamento debe ser considerada primero?

_____

Notas, Transparencia 21:

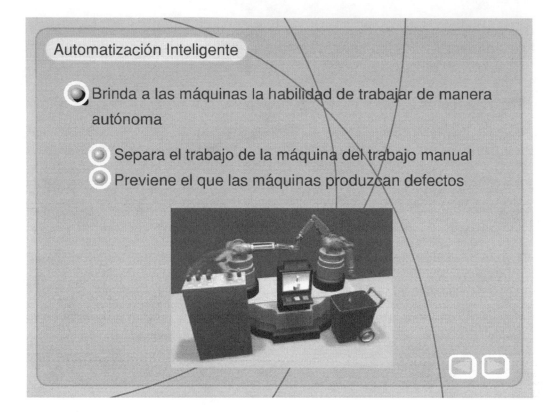

Automatización Inteligente

○ Brinda a las máquinas la habilidad de trabajar de manera autónoma

○ Separa el trabajo de la máquina del trabajo manual

○ Previene el que las máquinas produzcan defectos

Notas, Transparencia 22:

_____

_____

_____

_____

_____

Pista:

Automatizar algo no significa que sea autónomo, por ejemplo: un coche tiene componentes automáticos pero no es autónomo puesto que necesita de un chofer que lo maneje y active.

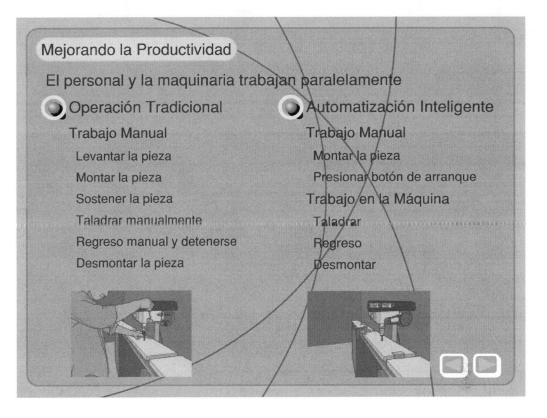

Notas, Transparencia 23:

_____

_____

_____

_____

_____

_____

Pista:

Imagina la automatización inteligente como el hacer muchos pequeños pasos para que la máquina desarrolle ciertas tareas sin supervisión. Tal vez el primer paso es el desmontar una pieza.

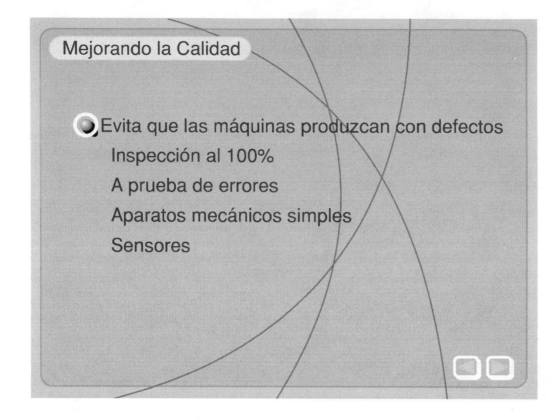

Mejorando la Calidad

- Evita que las máquinas produzcan con defectos
  - Inspección al 100%
  - A prueba de errores
  - Aparatos mecánicos simples
  - Sensores

Notas, Transparencia 24:

_____

_____

_____

_____

_____

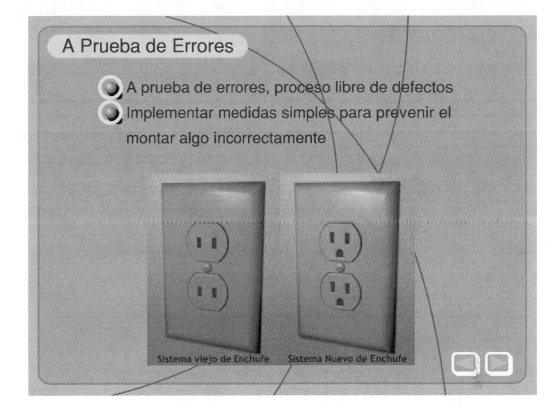

A Prueba de Errores

- A prueba de errores, proceso libre de defectos
- Implementar medidas simples para prevenir el montar algo incorrectamente

Sistema viejo de Enchufe   Sistema Nuevo de Enchufe

Notas, Transparencia 25:

_____

_____

_____

_____

_____

_____

Pista:

Piensa en una forma de detener a una máquina o a una persona antes de que cometan un error, ésta es la meta de hacer algo a prueba de errores.

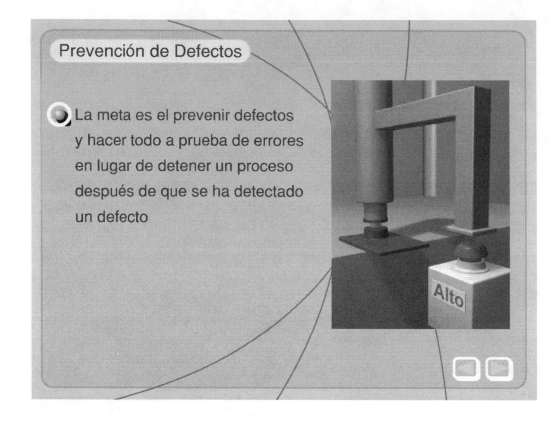

Prevención de Defectos

La meta es el prevenir defectos y hacer todo a prueba de errores en lugar de detener un proceso después de que se ha detectado un defecto

Notas, Transparencia 26:

_____

_____

_____

_____

_____

Pista:

Como lo sugiere esta ilustración, puede que exista una forma fácil de prevenir defectos y evitar que ocurran.

Pregunta:

¿Puedes pensar en algún ejemplo de tu propia área?

_____

Mejorando la Seguridad

Automatización Simple

- Procesos peligrosos
  - Sostener o desmontar producto
  - Transportar producto
- Ciclo de la máquina
  - Apretar el botón de encendido y alejarse de la máquina
  - Quitar las guardas en forma automática después del arranque

Notas, Transparencia 27:

_____

_____

_____

_____

_____

_____

Sugerencia:

Imagina formas para mejorar la seguridad sin tener que gastar mucho dinero. Esto permitirá que el proceso mejore y sea más flexible al cambio.

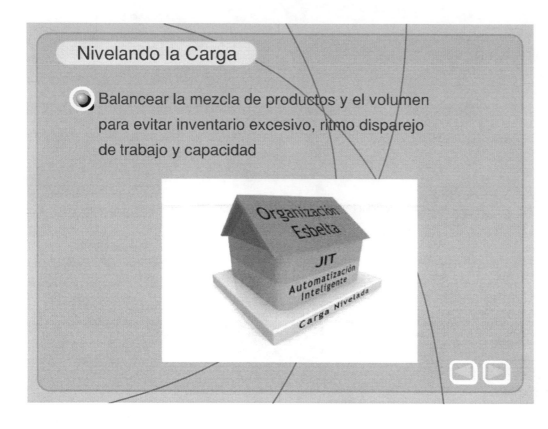

Notas, Transparencia 28:

_____

_____

_____

_____

_____

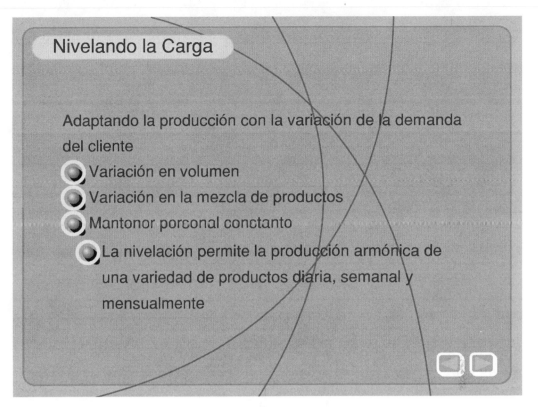

Nivelando la Carga

Adaptando la producción con la variación de la demanda del cliente

- Variación en volumen
- Variación en la mezcla de productos
- Mantener personal constante
- La nivelación permite la producción armónica de una variedad de productos diaria, semanal y mensualmente

Notas, Transparencia 29:

_____

_____

_____

_____

_____

_____

Pista:

El nivelar la carga motiva la reducción de varias actividades como son: tiempo de ensamble, tiempo para el cambio de producto y tiempo para procesar órdenes de trabajo.

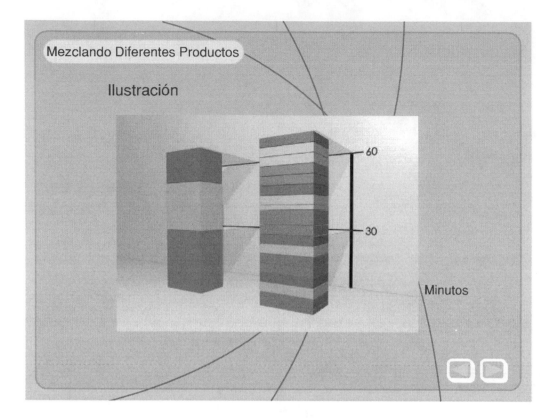

Notas, Transparencia 30:

_____

_____

_____

_____

_____

_____

Pregunta:

¿Puedes visualizar otros beneficios de producir en lotes más pequeños?

_____

_____

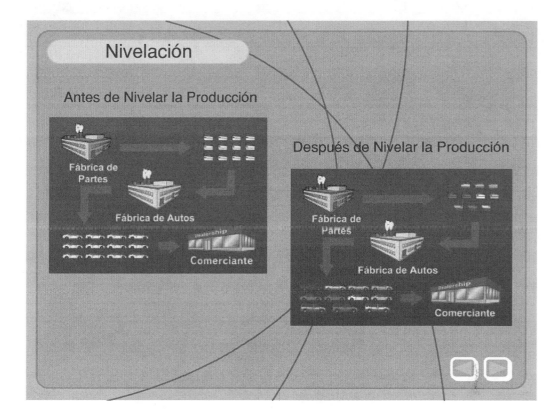

Notas, Transparencia 31:

_____

_____

_____

_____

_____

Pregunta:

¿Cuáles son las ventajes de este tipo de sistema?

_____

_____

_____

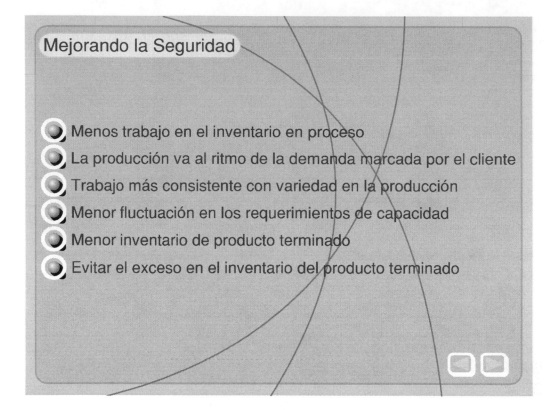

Mejorando la Seguridad

- Menos trabajo en el inventario en proceso
- La producción va al ritmo de la demanda marcada por el cliente
- Trabajo más consistente con variedad en la producción
- Menor fluctuación en los requerimientos de capacidad
- Menor inventario de producto terminado
- Evitar el exceso en el inventario del producto terminado

Notas, Transparencia 32:

_____

_____

_____

_____

_____

_____

Sugerencia:

Toma unos minutos para anotar comentarios, conclusiones o conceptos que hayas aprendido durante esta sección de la presentación.

Conclusiones:

_____

_____

_____

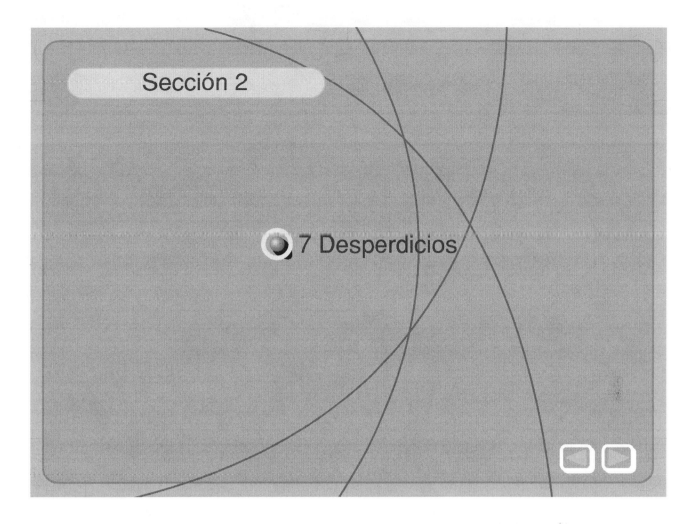

Sección 2

7 Desperdicios

En esta Sección

- Lean y su conexión con los 7 Desperdicios de Operaciónes
- Entendiendo los 7 Desperdicios

 Sugerencia

 Pista

 Pregunta

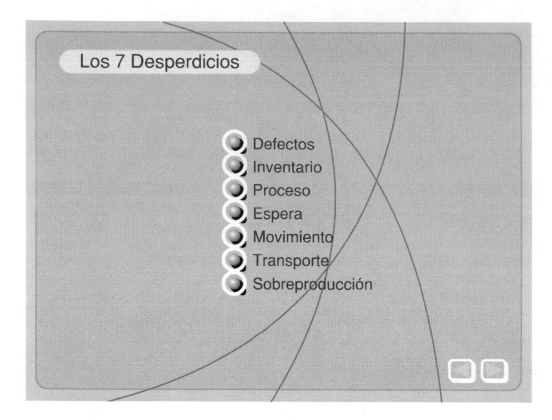

Los 7 Desperdicios

- Defectos
- Inventario
- Proceso
- Espera
- Movimiento
- Transporte
- Sobreproducción

Notas, Transparencia 34:

Pista:

Los 7 Desperdicios son un bloque fundamental de Lean, pide al facilitador que explique a fondo los desperdicios para que los comprendas en su totalidad.

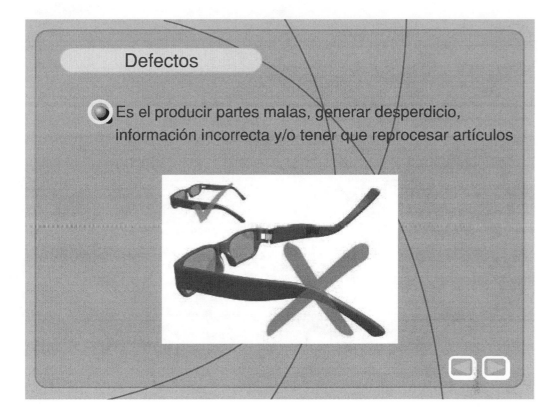

Defectos

Es el producir partes malas, generar desperdicio, información incorrecta y/o tener que reprocesar artículos

Notas, Transparencia 35:

_____

_____

_____

_____

Definición del Desperdicio: _____

_____

Ejemplo Adicional: _____

_____

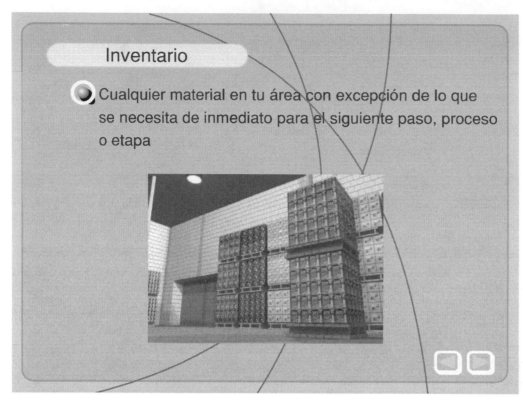

Inventario

Cualquier material en tu área con excepción de lo que se necesita de inmediato para el siguiente paso, proceso o etapa

Notas, Transparencia 36:

_____

_____

_____

_____

Definición del Desperdicio: _____

_____

Ejemplo Adicional: _____

_____

Pregunta:

¿Cuáles son las tres etapas por las que pasa el inventario en tu compañía?

_____

_____

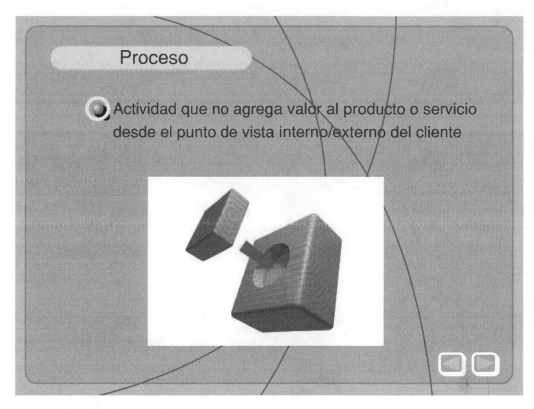

Notas, Transparencia 37:

_____

_____

_____

_____

Pista:

Este es el desperdicio más difícil de detectar. Sin embargo la solución es simple, si lo piensas bien puedes encontrar las áreas en donde se procesa más de lo que se necesita de acuerdo a la demanda el cliente.

Definición del Desperdicio: _____

_____

Ejemplo Adicional: _____

_____

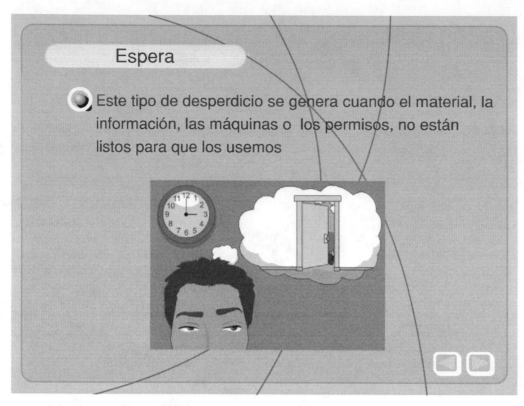

Espera

Este tipo de desperdicio se genera cuando el material, la información, las máquinas o los permisos, no están listos para que los usemos

Notas, Transparencia 38:

_____

_____

_____

_____

Definición del Desperdicio: _____

_____

Ejemplo Adicional: _____

_____

Sugerencia:
Si tratas de esperar por algo o alguien a propósito es muy fácil darse cuenta de lo difícil e improductivo que es esperar.

Pregunta:

¿Cuáles son situaciones en las que tienes que esperar por algo o alguien?

_____

Movimiento

Cualquier movimiento relacionado con la gente que no agrega valor al producto o servicio

Notas, Transparencia 39:

_____

_____

_____

_____

Definición del Desperdicio: _____

_____

Ejemplo Adicional: _____

_____

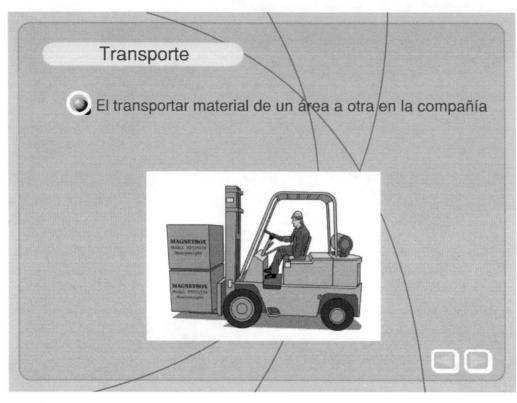

Transporte

El transportar material de un área a otra en la compañía

Notas, Transparencia 40:

_____

_____

_____

_____

Definición del Desperdicio: _____

_____

Ejemplo Adicional: _____

_____

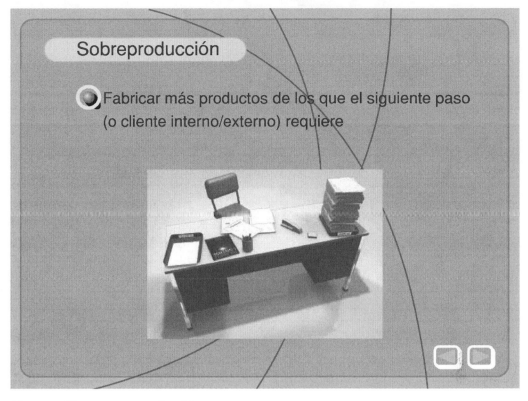

Sobreproducción

Fabricar más productos de los que el siguiente paso
(o cliente interno/externo) requiere

Notas, Transparencia 41:

_____

_____

_____

_____

Pista:

Debemos producir sólo
lo requerido, cualquier
cantidad adicional pro-
vocará ineficiencia.

Definición del Desperdicio: _____

_____

Ejemplo Adicional: _____

_____

Pregunta:

¿Por qué crees que debemos poner tanta atención en la
sobreproducción?

_____

_____

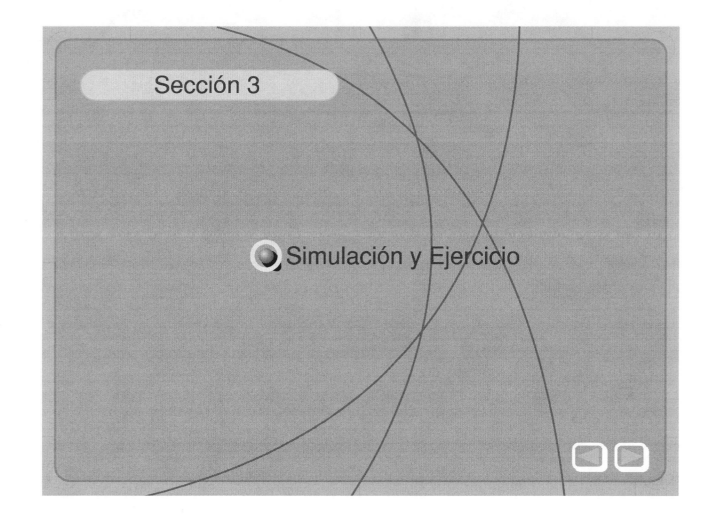

Sección 3

Simulación y Ejercicio

En esta Sección

- Guía a la Simulación de Flujo
- Ejercicio de Observación de los 7 Desperdicios

 Sugerencia

 Pista

 Pregunta

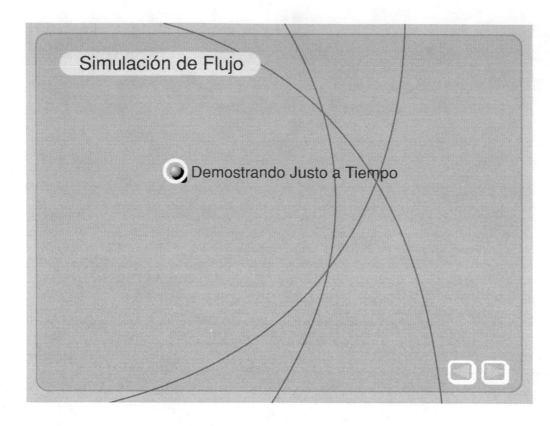

Simulación de Flujo

Demostrando Justo a Tiempo

Notas, Transparencia 43:

_____

_____

_____

_____

_____

_____

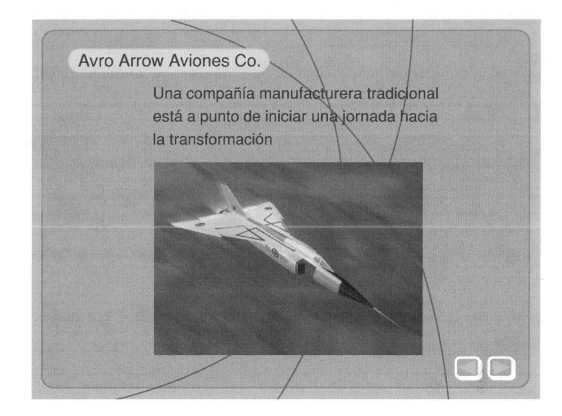

Notas, Transparencia 44:

_____

_____

_____

_____

_____

_____

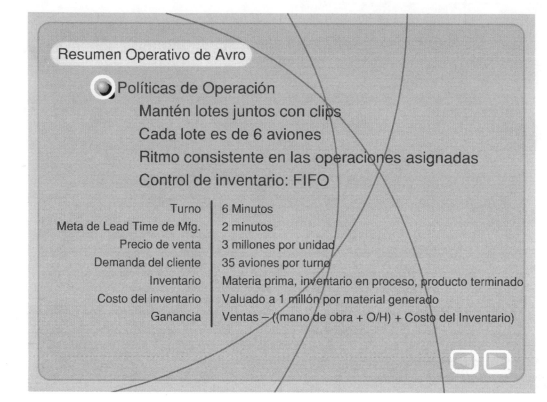

Resumen Operativo de Avro

○ Políticas de Operación

Mantén lotes juntos con clips

Cada lote es de 6 aviones

Ritmo consistente en las operaciones asignadas

Control de inventario: FIFO

Turno	6 Minutos
Meta de Lead Time de Mfg.	2 minutos
Precio de venta	3 millones por unidad
Demanda del cliente	35 aviones por turno
Inventario	Materia prima, inventario en proceso, producto terminado
Costo del inventario	Valuado a 1 millón por material generado
Ganancia	Ventas − ((mano de obra + O/H) + Costo del Inventario)

Notas, Transparencia 45:

_____

_____

_____

_____

_____

Pista:

Aunque cada participante tendrá una tarea específica, considera cómo el inventario se mueve de un proceso al siguiente.

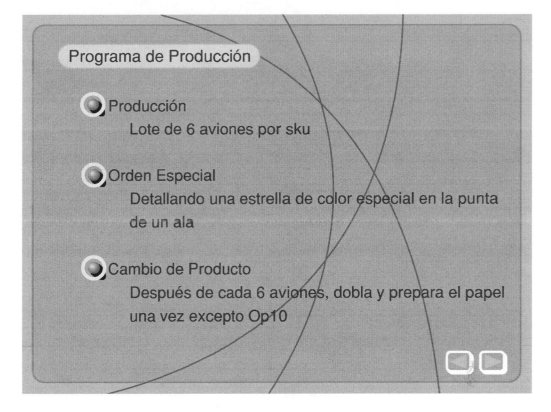

Notas, Transparencia 46:

_____

_____

_____

_____

_____

_____

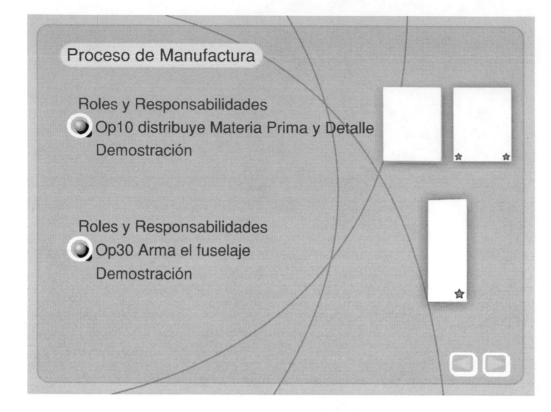

Notas, Transparencia 47:

_____

_____

_____

_____

_____

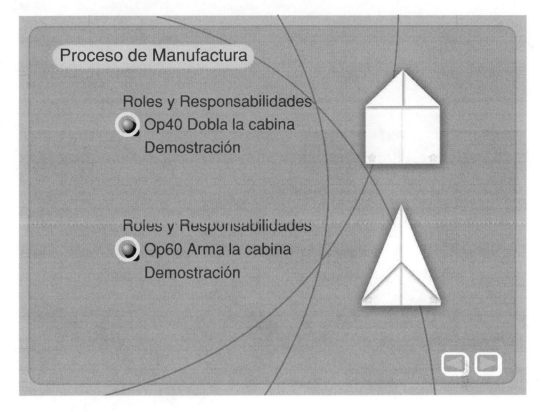

Notas, Transparencia 48:

_____

_____

_____

_____

_____

_____

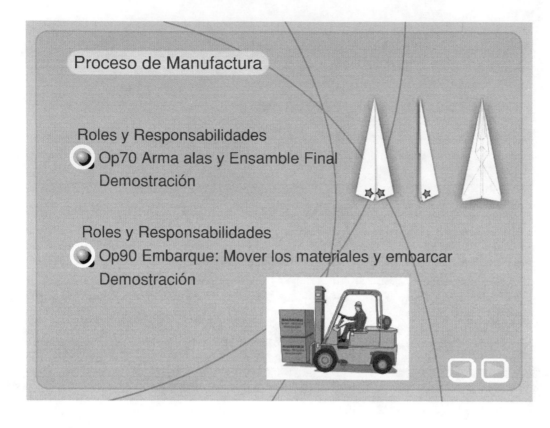

Proceso de Manufactura

Roles y Responsabilidades
- Op70 Arma alas y Ensamble Final
  Demostración

Roles y Responsabilidades
- Op90 Embarque: Mover los materiales y embarcar
  Demostración

Notas, Transparencia 49:

_____

_____

_____

_____

_____

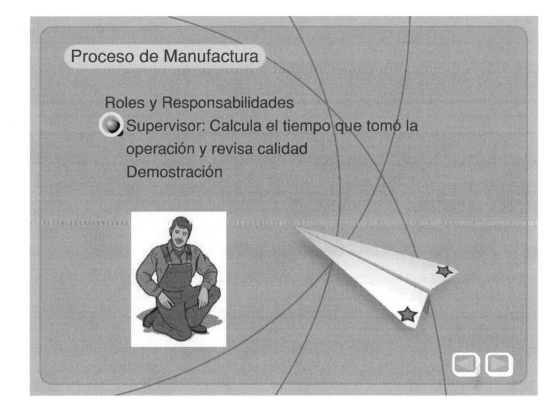

Notas, Transparencia 50:

_____

_____

_____

_____

_____

_____

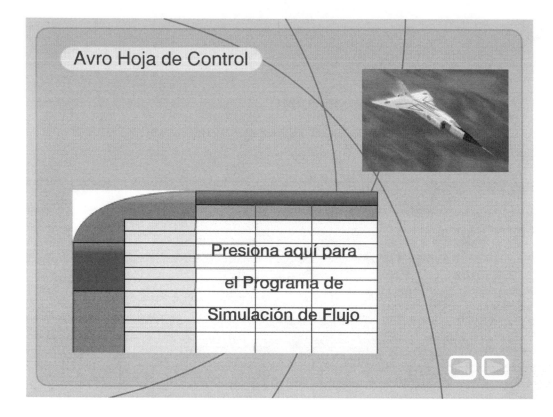

Avro Hoja de Control

Presiona aquí para
el Programa de
Simulación de Flujo

Notas, Transparencia 51:

_____

_____

_____

_____

Pregunta:

¿Qué observaciones hiciste durante las diferentes etapas de la simulación?

_____

_____

_____

Ejercicio

Hoja de Trabajo de Observación de los 7 Desperdicios

Defectos

Inventario

Proceso

Espera

Movimiento

Transporte

Sobreproduccion

© ENNA   www.enna.com

Notas, Transparencia 52:

_____

_____

_____

_____

_____

_____

Pista:

Para este ejercicio trabaja en equipos de 2 personas para discutir tus observaciones.

Evaluación sobre Lean

Facilitador: _____   Nombre: _____

Taller: _____   Fecha: _____

Circula o escribe la respuesta que mejor conteste la pregunta.

1. ___ ¿Quién creó el concepto de Kaizen?

    a) James Womack
    b) Taiichi Ohno
    c) Shingeo Shingo

2. ___ ¿Qué compañía comenzó lo que se conoce ahora como Lean?

    a) Toyota
    b) Volvo
    c) General Motors

3. ___ ¿Cuál es el primer elemento en JIT?

    a) Takt
    b) Flujo
    c) Jalar

4. ___ ¿De los 7 desperdicios de Operaciones cuál es el peor?

    a) Movimiento
    b) Inventario
    c) Sobreproducción

5. ___ ¿Si una compañía tiene buena automatización, el operador estará más preparado para?

    a) No cometer errores
    b) Realizar múltiples tareas
    c) Tomar más descansos

6. ___ Kaizen es una palabra Japonesa que significa ___.

    a) Automatización inteligente
    b) Lean o JIT
    c) Nivelación de carga

7. ___ ¿En lenguaje técnico Takt Time significa?

    a) La cantidad de tiempo que toma hacer algo
    b) El ritmo de la demanda del cliente
    c) El tiempo total que le toma al producto pasar por todo el proceso

8. ___ ¿En qué formas existe el inventario en una compañía?

    a) Materia prima, inventario en proceso (wip), producto terminado (fg)
    b) Producto por entregar, materia prima, inventario final
    c) Producto sin terminar, materia prima, producto terminado

9. ___ ¿En un sistema de manufactura "de jalar" quién señala el comienzo de la producción?

    a) El vicepresidente de operaciones
    b) El gerente de producción
    c) El cliente

10. ___ La automatización inteligente le da a la máquina:

    a) La habilidad de tomar decisiones
    b) La habilidad para decidir qué hacer
    c) La habilidad de trabajar autónomamente

11. ___ El nivelar las cargas le permite a la producción diaria, semanal y mensual ___.

    a) El generar una variedad de productos en forma continua y armónica
    b) El generar menor variedad de productos
    c) El generar productos más grandes aunque con menor variedad

12. ___ Mediante una automatización inteligente el operador solo tiene que ___.

    a) Poner la carga y comenzar el ciclo
    b) Inspeccionar la parte, cargarla y comenzar el ciclo
    c) Descargar y comenzar el ciclo

13. ___ ¿Cuál es la definición de un sistema de producción de flujo?

    a) Todos agregan valor a voluntad
    b) El mover el producto de un proceso al siguiente sin tener que esperar
    c) El inventario se cambiará de un lugar a otro y esperará a ser utilizado

14. ___ El nivelar la carga en tu operación simplificará el ___.

    a) Hacer lotes de materiales
    b) Minimizará el inventario en proceso, menor cantidad de productos terminados y evitará las fluctuaciones en cuanto a capacidad
    c) Maximizará el inventario en proceso, generará más producto terminado e incrementará las fluctuaciones en cuanto a capacidad